AF563640

PRÉCIS

HISTORIQUE, STATISTIQUE ET GÉOGRAPHIQUE

DE LYON ANCIEN

ET LYON MODERNE

JUSQU'A CE JOUR,

Suivi des Evénemens des 21, 22 et 23 novembre 1831, ou la Révolte des ouvriers en soie, des Causes qui ont amené ces Evénemens, et de leurs résultats immédiats; avec figures, représentant les principaux monumens de Lyon, et le plan de la ville.

Par J. Lions.

PRIX : 1 fr. avec figures,
Et 60 c. sans figures.

LYON.

CHEZ LIONS, LIBRAIRE, PLACE BELLECOUR, N° 20.

1832.

PRÉCIS

HISTORIQUE, STATISTIQUE

ET GÉOGRAPHIQUE,

DE LA VILLE DE LYON.

LYON, *Lugdunum*, ville de France, la plus importante après Paris, chef-lieu du département du Rhône, à 100 lieues sud-est de Paris, siége d'un archevêché, et chef-lieu de la 19me division militaire, a cour royale, cour d'assise, tribunal de première instance, tribunal de commerce etc.

La plus grande partie de Lyon est resserrée entre le Rhône et la Saône; sa longueur, du nord au sud, et de 2,800 mètres, et sa largeur de 2,000 mètres : sa circonférence est d'environ 9000 mètres ou deux lieues. Cette ville est entourée de plusieurs faubourgs : les plus remarquables sont St-Just et Fourvières, au sud-ouest; la presqu'île Perrache au midi; la Guillotière à l'est; la Croix-Rousse au nord; (ces deux derniers ont acquis depuis peu les droits de cité et sont appelés *ville.*) On trouve Serin et Vaise au nord-ouest.

La presqu'île Perrache, par sa position au confluent de la Saône et du Rhône, sera un jour un nouveau Lyon, ville beaucoup plus belle que l'ancienne, et surtout plus considérable par l'accroissement de son commerce et de son industrie: les rues qu'on y a tracées sont très-larges et aboutissent presque toutes à l'un et l'autre fleuve. Plusieurs établissemens utiles s'y élèvent, tels que moulins à vapeur, fonderies etc.; dans le centre de la presqu'île on construit une gare qui fera un port sûr et commode pour l'embarquement et le débarquement des marchandises, une prison très-vaste, corps de bâtiment où les malfaiteurs seront beaucoup plus en sûreté et moins exposés aux maladies, qu'ils ne le sont dans la prison de

Roanne, un grenier à sel, construit sur l'emplacement dit de l'arsenal, monument digne des Romains, qui réunit à la solidité des constructions anciennes, l'élégance et le fini de l'architecture moderne; une caserne de gendarmerie, bâtiment très-vaste, solidement construite et avec goût. On voit d'ailleurs s'élever sur tous les points de la presqu'île, et notamment à la proximité de l'arsenal, beaucoup d'édifices particuliers magnifiques, dignes, sous tous les rapports, de fixer l'attention de l'observateur.

A l'extrémité de l'île Perrache, et non loin du pont de la Mulatière, on construit, en pierre et en charpente, un pont destiné au passage du chemin de fer sur la route de St-Etienne. On parle d'élever bientôt dans le même quartier un abattoir dont l'adjudication a été dernièrement tranchée.

Le Rhône, devant Lyon, a une largeur d'environ 200 mètres. Il est traversé par trois ponts, le pont Morand au nord, le pont de la Guillotière au midi, et le pont de Lafayette, nouvellement et très-solidement construit, entre les deux, et à peu près à une égale distance. Les crûes subites de ce fleuve et ses grands débordemens ont souvent causé de funestes dégâts sur la rive gauche, aux Broteaux et à la Guillotière. Pour protéger cette partie contre ses irruptions, on a commencé une digue au dessus de la Guillotière, et l'on a le projet d'en construire une autre au dessus.

La Saône offre à Lyon une largeur d'environ 150 mètres; elle est traversée par six ponts : trois nouvellement construits, qui sont les ponts de Serin et d'Ainay : tous deux ils ont les piles en pierre, et les travées en bois, et le pont de fer suspendu, qui communique du quai de Bondy au couchant, au quai St-Vincent au levant : il est livré au public depuis 1831. Un troisième pont de fer sera dans peu construit sur la Saône pour remplacer le pont Volant qui sera détruit; il communiquera de la place de Roanne à la place dite Port-du-Temple, et se trouvera exactement en face de la superbe rue de la Préfecture qu'on vient d'ouvrir, et dont les constructions seront terminées en 1832, et du palais de justice.

Lyon a trois rangs de quais, dont deux sur la Saône, et un sur le Rhône : ces quais, qui ont chacun un nom différent, sont entrecoupés de dix-sept beaux ports; ils sont presque tous d'une construction moderne ainsi que les glacis, tant sur le Rhône que sur la Saône. Partout en les parcourant l'œil est frappé de la beauté des édifices qui les avoisinent. Le plus remarquable de ces quais est celui des Célestins. Là les regards se promènent sur des scènes mouvantes qui se multiplient et varient à chaque instant. Les quais du Rhône sont d'une longueur beaucoup plus considérable que ceux de la Saône. L'architecture moderne a déployé toute sa richesse sur ces derniers. C'est M. Cavène, alors ingénieur en chef de la ville et du département, qui en a conçu les plans, tracé les devis et fait exécuter les travaux.

On fait monter le nombre des rues, à Lyon, à 350; les plus remarquables sont la rue Mercière, dont le nom rappelle le grand commerce de détail qu'y s'y fait, la rue Royale, la rue des Capucins, presque toute composée de grands et beaux édifices, la rue St-Dominique, la rue Vaubecour en droite ligne, et la plus étendue de Lyon, les rues nouvellement percées dans le quartier Perrache etc.

Les places publiques sont au nombre de 59: la plus belle et la plus grande de toutes est la place Louis-le-Grand, autrement appelée place Bellecour; elle passe pour être aussi une des plus belles de l'Europe: au milieu s'élève une majestueuse statue de Louis XIV, fondue par Lemot, célèbre sculpteur moderne. Un peu au nord de cette place, et après avoir traversé la rue St-Dominique, on se trouve sur la place Confort, de forme triangulaire, aujourd'hui place de la Préfecture, ainsi appelée parce que là se trouve l'hôtel de la Préfecture dont il sera bientôt parlé.

Depuis la révolution, d'autres belles constructions se sont élevées sur divers points, notamment sur les emplacemens des enclos et jardins des anciennes communautés religieuses, et méritent de fixer l'attention de l'étranger et de tout observateur.

De tous les monumens ou édifices anciens le plus remarquable est sans doute l'Hôtel-de-Ville; et c'est parce qu'il mérite une attention particulière que nous croyons devoir répéter, en peu de mots, dans cette notice, ce qui déjà est établi avec beaucoup plus de détails dans un autre ouvrage : *l'Indicateur ou Guide de l'étranger à Lyon*, auquel nous renvoyons le lecteur. Ce monument, chef-d'œuvre de l'art, se distingue surtout par la magnificence de son escalier, de sa grande sale, de sa vaste cour, et par la noblesse et l'élégance de sa façade, du milieu de laquelle s'élance, avec hardiesse, la tour de l'horloge. On peut dire aussi, qu'après l'hôtel-de-ville d'Amsterdam, c'est le premier édifice de ce genre qui se trouve en Europe.

Le couvent des ci-devant Dominicains, aujourd'hui l'hôtel de la Préfecture, conserve encore des traces de ce qu'il était, malgré les grands travaux qu'on y a exécutés pour le rendre propre à sa nouvelle destination. Cet édifice est digne, sous plusieurs rapports, d'attirer les regards et de fixer l'attention de l'observateur. Le grand hôpital ou l'Hôtel-Dieu, est un des plus beaux monumens des temps modernes. C'est l'ouvrage de Soufflot. Cet immense bâtiment est surmonté d'un dôme admirable. Sa façade à l'est, s'étend majestueusement sur le quai du Rhône. L'hôpital de la Charité est un grand et beau bâtiment qui mérite d'être cité. La cathédrale de St Jean, grand édifice d'architecture gothique, ne peut manquer d'exciter la curiosité, ainsi que l'église des Chartreux, l'église de St-Nizier, un des plus beaux édifices gothiques de France, et l'église de St-Just, édifice moderne qui se fait distinguer par l'élégance de sa construction.

Le monument religieux élevé aux Broteaux, à la mémoire des Lyonnais qui ont péri pendant le siége de 1793, attire les regards des étrangers : en le voyant, tout Français s'arrête et sent battre son cœur. Un étranger ne manque pas de voir le temple des protestans, sur la place du Change, construit par Soufflot pour l'ancienne bourse; ainsi que cette masse informe de bâtimens qui composent aujourd'hui le palais de justice et la prison de Roanne, bâtimens destinés à être reconstruits d'après un nouveau plan pour en faire le nouveau palais de justice, et répondra ainsi plus dignement à sa nouvelle destination.

Lyon a deux théâtres dont le grand,

nouvellement construit sur l'emplacement de l'ancien, ouvrage de Soufflot, est remarquable non, à la vérité, par la savante distribution de la scène et surtout des loges, mais par l'architecture dans les travaux extérieurs où le bon goût préside et fait l'éloge de l'architecte.

Lyon s'est enrichi, depuis deux ans, d'un nouveau genre de monumens qui, jusqu'à ce jour, lui avaient été inconnus : c'est la Galerie de l'Argue : ce beau passage a été ouvert à travers des masures dégoûtantes ; il communique de la rue Mercière à la rue de l'Hôpital.

La Tour Pitrat, autre monument moderne, destiné à servir d'observatoire, se trouve sur le coteau qui domine la ville au nord. Une autre tour, de forme carrée, qui réunit une majestueuse élégance à la solidité de la construction, s'élève maintenant sur le coteau, et très-près de l'église de Fourvières. Elle est destinée au même usage que la tour Pitrat ; mais celle-ci est bâtie en un lieu beaucoup plus propice, et elle sera bien mieux appropriée à sa destination.

Lyon conserve des restes de plusieurs monumens antiques, on en trouve plusieurs sur la colline de Fourvières; l'église même de Notre-Dame de Fourvières est l'ancien bâtiment appelé par les Romains *Forum Trajani*. La maison des Antiquailles, hôpital des fous et des vénériens, est bâtie sur les ruines d'un palais des empereurs romains. On remarque de beaux restes d'aqueducs auprès de l'église de St-Irénée, quelques vestiges aussi de théâtres dans l'enclos des Minimes, et des réservoirs souterrains, appelés *Bains romains*, dans celui des Ursulines. L'église d'Ainay, à l'extrémité méridionale de la ville offre quelques restes d'un fameux temple d'Auguste : les quatre piliers de granit qui soutiennent le dôme de cette église, proviennent de deux colonnes qui flanquaient isolément l'autel du temple.

Les principales promenades sont celles de Bellecour, celles des quais du

Rhône, le Cours du Midi, dans le quartier Perrache; le jardin botanique, dans la partie septentrionale de la ville; le Cours Bourbon sur la rive gauche du Rhône, aux Broteaux; le Cours d'Herbouville, qui s'étend au nord de la ville depuis la porte St-Clair jusqu'au village de la Boucle, et bien loin encore toujours sur le prolongement du quai.

La bibliothèque publique est une des plus belles de la France, M. Péricaud en est le Conservateur. Lyon possède une faculté de théologie, une école secondaire de médecine, un séminaire métropolitain, une école royale vétérinaire, une académie royale de sciences, belles-lettres et arts; plusieurs sociétés savantes de médecine, d'agriculture, de jurisprudence; un cercle littéraire, autre société académique approuvée.

L'industrie et le commerce de Lyon sont immenses. Les étoffes de soie, renommées par la solidité de la teinture et le bon goût du dessin, en forment la base principale. Le nombre des ateliers pour le travail de la soie, dans toutes ses branches, s'élève au delà de quinze mille. La chapellerie, quoique déchue, tient un rang respectable. La librairie, l'imprimerie, l'orfèvrerie, l'épicerie, la quincaillerie etc., sont des branches secondaires de l'industrie et du commerce de Lyon.

La population de Lyon s'est en peu d'années considérablement accrue; on peut l'évaluer dans la plus grande extension du terme, y compris celle de la Croix-Rousse, celle de Serin et de Vaise et autres faubourgs, à plus de 185 mille habitans. Les Lyonnais sont laborieux, bons calculateurs, sages dans leurs spéculations, exacts dans leurs engagemens. Le climat, à Lyon, est doux et sain, quoique sujet aux brouillards. Les campagnes environnantes sont fertiles et bien cultivées; les bords de la Saône, les sites surtout qui touchent à l'Ile-Barbe ou qui l'avoisinent, sont on ne peut plus agréables.

On ne s'accorde pas sur l'époque de la fondation de Lyon. Les uns la font remonter à deux cent vingt ans avant notre ère, et l'attribuent à une colonie de Rhodiens; conduite par un nommé *Momorus;* d'autres, à *Munatius Plancus* qui s'y établit environ quarante ans avant Jésus-Christ. Cette ville s'agrandit en peu de temps et devint bientôt la ville principale des *Ségusiens.* Auguste en fit la capitale de la Gaule celtique et la combla de bienfaits; les soixante nations des Gaules y élevèrent en son honneur un temple superbe au confluent du Rhône et de la Saône; Caligula y fonda une célèbre académie et divers jeux qui consistaient en courses de chevaux, exercices militaires, combats de gladiateurs etc. Lyon arrive promptement à un grand état de splendeur, mais il ne fut pas de longue durée. Cent ans après sa fondation, cette belle cité fut détruite en une seule nuit par un affreux incendie. Elle fut rebâtie par Néron; Trajan ordonna la formation du marché qui porte son nom: *Forum Trajani*. Un autel fut érigé à Antonin-le-Pieux, sur la place actuelle de St-Just. Les persécutions contre les Chrétiens commencèrent à Lyon sous Marc-Aurèle, et l'évêque St-Pothin fut une des premières victimes. Vaincu par Sévère en 191, Lyon se releva insensiblement sous le règne de Constantin. Peu de temps après, des hordes barbares le ravagèrent. Charlemagne fit disparaître en partie les ruines de cette ville. Lyon fut la capitale du royaume de Bourgogne qui comprenait aussi la Provence.

Lyon passa successivement sous la puissance de différentes sortes de gouvernement. En 934, Lothaire, roi de France, en céda la propriété à Conrad, roi de Bourgogne. Après la mort de Rodolphe III, fils de Coniad, cette ville passa sous la puissance temporelle de son archevêque, Buchard, frère de Rodolphe, souveraineté que les archevêques de Lyon conservèrent très-longtemps. Ce fut Philippe-le-Bel qui fit rentrer cette ville sous le sceptre des rois de France en 1312. C'est à Lyon, sur la place des Terreaux, que furent exécutés Cinq-Mars et de Thou, pour cause de trahison. Lyon souffrit beaucoup dans les guerres de religion; la révolution de 89 lui porte un coup funeste. Les Lyonnais assiégés et abandonnés à leurs propres forces, entreprirent, sous le commandement de M. de Précy, de se défendre contre une armée très-nombreuse sous les ordres de Dubois-Crancé, envoyée contre eux par la Convention, et soutinrent glorieusement un siége de plusieurs mois.

Ce fut dans cette ville que fut convoquée, le 30 décembre 1801, la *consulte* extraordinaire qui posa les bases du gouvernement de la république cisalpine. En 1814, Lyon fut le théâtre de plusieurs actions sanglantes entre les Français et les troupes alliées. En 1815, elle reçut en triomphe Bonaparte; à son retour de l'Ile-d'Elbe, il entra dans la ville aux acclamations du peuple.

Toutes ces époques de Lyon ancien et Lyon moderne sont sans doute très-remarquables ; mais la plus mémorable de toutes est sans contredit celle qui est caractérisée par les événemens des 21, 22 et 23 novembre 1831, la révolte des ouvriers en soie qui, poussés par la faim et le désespoir, ont résisté aux forces combinées de la Garde nationale et des troupes de ligne, et sont restés vainqueurs et maître de l'autorité pendant trois jours, pouvoir dont ils auraient pu faire le plus désastreux abus, si l'action de la justice, heureux résultat de la civilisation, ne les eût guidés, dans ces momens de désordre, où la force occupait la place de droit.

ÉVÉNEMENS

DES 21, 22 ET 23 NOVEMBRE 1831.

(*Quelle en a été la cause.*)

Depuis plusieurs années un malaise général régnait, à Lyon, au sujet de la fabrique de soie. La concurrence avec l'étranger, avec la Suisse surtout, forçait le fabricant à diminuer chaque jour le salaire à l'ouvrier, qui se trouva en dernier lieu tellement réduit que la détresse en devait être, et fut en effet le triste résultat.

Cet état de choses n'était plus supportable. L'ouvrier se trouva dans la nécessité de demander une augmentation de salaire que le fabricant, mal avisé sans doute, crut ne devoir pas accorder. Une grande irritation s'établit alors entre celui qui se croyait en droit d'exiger, et celui qui s'obstinait à refuser. De telles manifestations n'auraient jamais dû paraître indifférentes, puisqu'elles tendaient à troubler la tranquillité publiques. Cependant l'autorité administrative crut devoir intervenir, non point pour établir des conditions ; elle n'en avait pas le droit, mais pour donner des conseils et arriver à une conciliation. Tout semblait devoir amener à cet heureux résultat; mais l'attente des magistrats fut trompée. L'irréflexion, l'amour-propre et un intérêt mal-entendu d'une part, et une exigence trop impérieuse de l'autre, firent avorter les mesures de prudence qu'on avait prises pour éviter toute perturbation: la résistance donna l'éveil aux passions, le gant fut jeté, et un duel à mort entre deux classes de citoyens faites l'une pour l'autre, eut lieu.

Journée du 21 novembre.

Le préfet averti que les ouvriers préparaient un mouvement, pensa qu'il ne convenait pas de prendre des mesures énergiques, et qu'il suffirait de faire quelques démonstrations pour en imposer aux perturbateurs; en conséquence, l'autorité civile d'accord avec l'autorité militaire, mit en mouvement quelques compagnies de la Garde nationale et de la troupe de ligne qui eurent ordre de se porter à la Croix-Rousse, et là de prendre position pour s'opposer, au besoin, à toute tentative des ouvriers; mais, en se rendant à leur destination par la côte St-Sébastien, elles ne tardèrent pas à s'apercevoir que les ouvriers qui étaient sur leurs gardes et réunis sur ce point en grand nombre, leur en disputeraient le passage. En effet, il y eut d'abord des menaces échangées, puis des pierres furent lancées par les onvriers; enfin un coup de fusil partit, on ne sait de quelle côté, et ce fut le signal d'un combat à mort qui ne devait finir que le troisième jour.

La fusillade commença sur-le-champ de part et d'autre ; la générale battit dans les rues, et la Garde nationale et la troupe de ligne se rendirent en toute hâte sur la place des Terreaux, qui fut désignée comme le quartier général. La cavalerie s'y rendit aussi. Bientôt on fit arriver, pour soutenir la lutte, plusieurs barils de poudre et de charges de mitraille.

Déjà l'action était engagée sur plusieurs points. A midi, les blessés et les morts arrivaient de moment en moment à l'Hôtel-de-Ville ; à chaque instant, on voyait arriver aussi des hommes arrêtés qu'on mettait de suite dans les prisons qui ne tardèrent pas à en être remplies. Il serait difficile de donner une juste idée de la consternation qui était alors dans toutes les classes de la population.

La garde civique ne voyant alors de salut que dans la résistance, marchait contre les assaillans avec les canons chargés à mitraille. On voulut, mais en vain, tenter les moyens que la loi indique. Toutes sommations étaient impossibles; les insurgés s'étaient rassemblés sur divers points et en très-grand nombre : leur force numérique excédait en effet et de beaucoup celle de la troupe de ligne et de la Garde nationale qui avaient pris les armes contre eux. Les ouvriers étaient retranchés presque tous dans des maisons, et se battaient avec une fureur incroyable.

Dans la matinée, et lorsque déjà le combat était engagé, le préfet et le général Ordonneau s'étaient rendus en grand costume, à la Croix-Rousse, pour haranguer les ouvriers, et au moment même où ils leur faisaient entendre des paroles de paix, un coup de canon de la Garde nationale, sur les ouvriers dont quelques-uns furent atteints, fut tiré, on ne sait par qui, ni dans quelle vue. Ceux-ci en furent outrés; ils crièrent vengeance et ne voulurent plus rien entendre; ils gardèrent le préfet et le général prisonnier, sans leur faire éprouver d'ailleurs aucun mauvais traitement, et ils les relachèrent ensuite.

L'annonce de cet événement vint augmenter l'inquiétude de tous. Il exaspéra la troupe de ligne qui de suite s'avança sur tous les points vers les insurgés. A l'instant des demandes de troupes de ligne furent expédiées dans les garnisons voisines : alors il n'y avait plus qu'une seule pensée, celle de réduire les révoltés par la force.

Les avenues de la Croix-Rousse avaient été barricadées, dans la journée, par les ouvriers, et de nouvelles barricades commençaient déjà à s'élever sur plusieurs points de la cité. La nuit enfin arrive; elle est calme; mais c'est le calme de la mort et du désespoir; car chacun sent que le jour du lendemain doit éclairer de nouveaux désastres.

Journée du 22 novembre.

En exécution des ordres donnés, plusieurs bataillons s'étaient pendant la nuit dirigés à marche forcée sur Lyon, et avaient pris position. Les ouvriers de leur côté s'étaient aussi préparés au combat; ils avaient presque tous des armes qu'ils avaient prises aux Gardes nationaux et aux troupes de ligne. Leur nombre s'était prodigieusement accru d'une masse d'individus de toutes les professions, tous gens attirés à Lyon dans l'espérance du pillage.

Enhardis par le succès de la veille, les ouvriers se préparaient à se battre, avec la résolution de vaincre ou de mourir, tandis qu'une pensée toute contraire dirigeait leurs ennemis. Nulle part on rencontrait des Gardes nationaux; ils avaient quitté leurs armes et leurs habits, et la plus grande partie était rentrée, chacun dans son domicile. Le combat ne se trouvait par conséquent plus engagé qu'entre les ouvriers et la troupe de ligne, qui se battit tout le jour et fort avant dans la nuit, et toujours avec désavantage sur tous les points; car les ouvriers étaient embusqués et tiraient de toutes parts sur eux des croisées, des portes d'allée etc. Ce combat meurtrier et inégal devait cesser, et il cessa en effet dans la nuit qui suivit ce jour de douloureuse mémoire.

Le général Roguet donna ordre de cesser toute hostilité, et ne s'occupa plus que d'effectuer sa retraite; aussi il fut résolu que toute la troupe de ligne et la Garde nationale qui s'était réunie à elle, sortiraient par la porte St-Clair; mais cette porte était occupée par les ouvriers qui s'étaient retranchés derrière les barricades construites à la tombée du jour. On se trouva par conséquent arrêté là pour quelques instans, et on essuya plusieurs décharges très-meurtrières. Enfin, le passage fut forcé par le canon, par les feux de file et les feux de peloton; mais, en se retirant, cette petite armée eut à essuyer le feu des ouvriers qui avaient trouvé le moyen de pénétrer dans les maisons, et tiraient sur elle des croisées. Ainsi, elle perdit beaucoup de monde et ne put faire aux assaillans que fort peu de mal. Enfin la troupe de ligne et quelques détachemens de Gardes nationaux réunis à elle, arrivèrent à cinq heures du matin à Montessuy où l'on fit halte.

Cependant la terreur, à Lyon, était dans tous les esprits; chacun attendait le jour pour savoir ce qu'on avait encore à redouter, ou ce qu'on pouvait espérer.

La retraite de la troupe effectuée, les ouvriers se mirent en possession de l'Hôtel-de-Ville. C'était trois heures du matin: ils occupèrent en même temps l'arsenal qu'ils trouvèrent abandonné, ainsi que la poudrière dont la poudre fut jetée dans la Saône, par la troupe, au moment où elle quitta ce poste.

Dès cinq heures du matin (du 3me jour d'anarchie), on savait dans toute la ville ce qui se passait. L'alarme était moins vive par la raison qu'elle n'était plus excitée par le bruit du canon et de la fusillade. Chacun s'enhardit à sortir de chez soi ; on s'interrogeait, l'ame glacée d'effroi ; on apprit par différens rapports, ce qui tendit beaucoup à rassurer les esprits, que les ouvriers guidés par cet intérêt de justice qui maîtrise les passions, s'opposaient à tout acte de pillage. C'était beau en effet de voir, dans ce désordre, les vainqueurs user si modérément de la victoire. Les voilà enfin maîtres de l'autorité ces hommes qui imploraient tout à l'heure l'appui du magistrat pour se faire rendre justice ! Quel usage vont-ils en faire ? Aucun. Ils sentent qu'elle est au dessus de leur force, et déjà ils cherchent eux-mêmes à s'en débarrasser. En les blâmant d'avoir eu recours à la force, sachons leur gré des efforts qu'ils ont faits pour triompher de l'anarchie et empêcher le pillage. Espérons qu'une si fatale expérience ne sera point oubliée, que désormais la raison sera mieux entendue, le véritable intérêt mieux compris. Non, cette terrible leçon ne sera point perdue. Elle profitera à l'autorité qui ne s'endormira plus sur le bord du précipice, au négociant qui vient d'apprendre que pour gagner, il faut quelquefois savoir perdre, et à l'ouvrier aussi, qui aura le temps de s'apercevoir qu'il vaut encore mieux, dans l'attente d'un meilleur sort, *un peu souffrir en travaillant, que vaincre en combattant.*

P. S. Le Prince héréditaire, le Duc d'Orléans, est dans nos murs : au moment de la nouvelle de nos désastres, il s'est hâté de se rendre au milieu de nous pour remplir la plus importante mission : que son cœur a dû souffrir au premier instant, en pensant qu'il serait peut-être forcé de laisser mettre en usage cet appareil formidable dont il était environné à son entrée ; mais qu'il doit être satisfait aujourd'hui de n'avoir pas été réduit à cette triste nécessité ! Sa présence au milieu de nous a produit un grand bienfait : elle a rassuré les uns, et fait naître dans tous l'espérance d'un meilleur avenir, dans les ouvriers surtout, ces hommes égarés et trop malheureux hélas! pour ne pas exciter la sympathie de toutes les ames généreuses. L'autorité connaît maintenant la cause des désastres que Lyon vient d'éprouver, elle saura en prévenir le retour.

Lyon. Imprimerie de D.-L. AYNÉ,
rue de l'Archevêché, n. 3.

OUVRAGES

PAR

L'AUTEUR DE CETTE ESQUISSE,

En vente chez le même Libraire :

HISTOIRE de la révolution de juillet 1830, 2 vol. in 12.

DÉLICES de l'adolescence, in-12. fig.

L'USAGE du monde, ou le ton, le langage etc. in-12. fig.

MANUEL des jeux de société, in 18.

DICTIONNAIRE des rimes, in-12.

L'ORACLE des dames et des demoiselles, in-12. fig.

NOTA. On trouve chez le même Libraire un grand nombre d'ouvrages élémentaires et autres livres d'instruction.

On s'abonne aussi chez lui pour la lecture des romans, des mémoires, et autres bons ouvrages. Il reçoit les nouveautés et les donne en lecture aussitôt qu'elles paraissent.

www.ingramcontent.com/pod-product-compliance
Lightning Source LLC
LaVergne TN
LVHW020310230826
846091LV00006B/2620
9782012396562